CATALOGUE

D'UNE BELLE COLLECTION

DE

TABLEAUX

ANCIENS,

des Écoles Italienne, Espagnole, Flamande
et Française,

DONT LA VENTE AURA LIEU

Par suite du Décès de M. **DE VIGNRON DE LAHAYE**,

HOTEL DES VENTES

RUE DES JEUNEURS, N° 42,

Salle n. 1,

LES LUNDI 28 FÉVRIER ET MARDI 1ᵉʳ MARS 1853,

à midi.

Par le ministère de Mᵉ **RIDEL**, Commissaire-Priseur,
rue Saint-Honoré, 335,

Et de Mᵉ **WALLET**, Commissaire-Priseur, rue de Gaillon, 13,

Assistés de M. **FERDINAND LANEUVILLE**, Expert,
rue Neuve-des-Mathurins, 73,

Chez lesquels se distribue le présent Catalogue.

EXPOSITION PUBLIQUE

Le Samedi 26 Février 1853, au domicile du défunt, 20, rue de Navarin,
Et le Dimanche 27 Février, à l'Hôtel des Ventes.

PARIS

MAULDE ET RENOU,

IMPRIMEURS DE LA COMPAGNIE DES COMMISSAIRES-PRISEURS,
rue de Rivoli prolongée, au coin de celle de l'Arbre-Sec.

1853

CONDITIONS DE LA VENTE.

Elle sera faite au comptant.
Les acquéreurs paieront, en sus des adjudications, 5 centimes par franc applicables aux frais de vente.

—◦•❀•◦—

LE PRÉSENT CATALOGUE SE DISTRIBUE

A PARIS ...... Chez Me RIDEL, Commissaire-Priseur, 335, rue Saint-Honoré.

Me WALLET, Commissaire-Priseur, 13, r. Gaillon.

M. F. LANEUVILLE, Expert, 73, rue Neuve des Mathurins.

Dans les Départements et à l'Étranger.

DANS LES VILLES SUIVANTES :

LILLE	Chez M. TANCÉ.
LYON	M. HUET, marchand d'Estampes.
LONDRES	M. COLNAGHI, marchand d'Estampes.
BRUXELLES .	M. LEROY.
AMSTERDAM.	M. BRONDGHEEST.
LA HAYE ...	M. HITHOVEN.
VIENNE	M ARTARIA et Cie.

AVERTISSEMENT

La belle collection de tableaux dont nous publions aujourd'hui le Catalogue, a été formée il y a bien des années par feu M. de Vignron de Lahaye; mais tout en ayant de la célébrité elle était cependant peu connue, M. de Lahaye parvenu à un âge avancé, n'admettait plus chez lui depuis longtemps qu'un très petit nombre d'élus.

Des offres considérables lui avaient été faites pour plusieurs de ses tableaux, mais ne pouvant se décider à se séparer de ce qui faisait sa dernière jouissance, il trouvait toujours quelque prétexte pour rompre au moment de conclure. C'est donc la réunion très complète, telle qu'elle a été formée, que nous offrons au public, il y trouvera des œuvres de premier ordre, choisies avec un goût sévère, éclairé par une longue expérience, et dignes en tout point de figurer dans les galeries les plus renommées.

La famille a désiré que les notes laissées par M. de Lahaye sur ses tableaux, fussent respectées, nous avons donc conservé scrupuleusement les noms qu'il leur attribuait, et nous espérons qu'ils seront ratifiés par le public.

DESCRIPTION

DES TABLEAUX.

Ecole Italienne.

ALBANE.

62 1 — Saint Jean béni par Jésus.
Des Chérubins voltigent autour d'eux.

ANSELMI.

2 — Repos de la Sainte Famille.

BAROCHE.

31 3 — Tête de jeune fille.

CAPELLI (F.).

4 — Bacchus présente à Ariane une coupe dans laquelle il presse une grappe de raisin.

CARRACHE (Louis).

5 — Un saint évêque distribuant des aumônes.

DU MÊME.

6 — Paysage

Un pâtre gardant un troupeau de mouton; son chien est près de lui.

CARRACHE (Annibal).

7 — Godefroid de Bouillon.

Il est couvert de la tunique des Croisés.

CIGNANI (Carlo).

8 — L'Annonciation.

La Sainte Vierge est à genoux devant un prie-Dieu; un ange lui apparaît; sur un nuage on aperçoit le Saint-Esprit entouré d'anges.

CORRÈGE.

9 — Le Mariage de sainte Catherine.

L'Enfant-Jésus, assis sur les genoux de sa mère, donne un anneau à sainte Catherine. Saint Sébastien, tenant des flèches, est debout derrière la sainte.

Le maître a souvent répété cette belle composition mais toujours avec des fonds différents.

DU MÊME.

10 — Une des figures du bain de Léda.

Étude terminée.

DU MÊME.

11 — Tête décollée de saint Paul.

DOMINICO FETI.

12 — Madeleine se dépouillant de ses bijoux.

DOMINIQUIN.

13 — Sainte Cécile jouant du violon.

DU MÊME.

14 — La Mort de saint Jacques de Compostelle.

Il est dans des ruines, couché sur de la paille. Un évangéliste, entouré d'une gloire d'anges et tenant un livre, lui apparaît.

DU MÊME.

15 — Le Ravissement de saint Paul.

Il est enlevé par trois anges.

FRANCESCHINI.

16 — Jésus endormi. Saint Joseph est en adoration près de lui.

FURINI.

17 — Une sainte dans l'attitude de la prière.

GUASPRE POUSSIN.

18 — Paysage arcadique.

>Une source sortant d'une ruine vient se briser en cascades sur le premier plan. L'horizon est borné par une ville et de hautes montagnes. Quelques figures complètent le tableau.

GUERCHIN.

19 — Tête de jeune fille.

>Rond.

GUIDE.

20 — Le Temps enlève la Vérité.

DU MÊME.

21 — Le Sommeil de Jésus.

>La Vierge est en adoration devant son divin fils.

DU MÊME.

22 — Tête de Vierge.

DU MÊME.

23 — Saint François.

>Il est en prière devant un crucifix, et tient une tête de mort.

DU MÊME.

24 — Figure allégorique de l'Abondance.

LANFRANC.

25 — Un Apôtre en extase.

LUINI (B.).

26 — Portrait d'un pape.

MOLA.

27 — Saint Jean avec deux apôtres. Paysage.

>Rond.

DU MÊME.

28 — Madeleine pénitente.

>Des Chérubins voltigent autour d'elle. Elle est assise dans une grotte et contemple une croix qu'elle porte d'une main, de l'autre elle tient une tête de mort.

PIOMBINO (Séb. del).

29 — Une Femme égyptienne.

POMERANZIO.

30 — Jésus dans les bras de sa mère.

SALVATOR ROSA

31 — Site sauvage. Une rivière vient tomber en cascade sur le premier plan.

DU MÊME.

32 — Paysage animé par l'épisode de Tobie.

DU MÊME.

33 — Tempête et naufrage.

DU MÊME.

34 — Saint Jérôme.

D'une main il tient une croix et de l'autre il se frappe la poitrine avec une pierre.

SASSO FERRATO.

35 — Jésus endormi sur les genoux de sa mère.

DU MÊME.

36 — La Vierge et l'Enfant.

SCHIDONE.

37 — L'Amour taillant son arc.

SOLIMÈME.

38 — Tête de jeune homme.

TEMPESTE.

39 — Paysage avec cascades.

DU MÊME.

40 — Pendant du précédent.

TITIEN.

41 — L'Amour désarmé par les Nymphes de sa mère, qui lui bandent les yeux.

>Le roi d'Espagne, après avoir vu le tableau du même sujet qui se trouve dans la galerie Borghèse, en commanda un semblable au Titien; mais il exigea que la princesse d'Eboli, sa maîtresse, fût représentée à la place de la Vénus.

DU MÊME.

42 — Adoration des bergers.

La Vierge est agenouillé devant son divin fils, saint Joseph est derrière elle.

VICENCINO, signé.

43 — Fleurs et fruits posés sur une pierre.

École Espagnole.

BARROSO (Michel).

44 — L'Annonciation.

La Vierge est à genoux devant un prie-Dieu ; un Ange porté sur des nuages et tenant une branche de lis à la main lui montre le Saint-Esprit ; une gloire de Chérubins les environne.

COTAN (Sanchez).

45 — Vision de sainte Claire.

GALLEGOS.

46 — Le Christ couronné d'épines.

HERRERA (le vieux).

47 — Saint François en prière.

Il tient un Christ et appuie le bras sur un livre qui porte une tête de mort.

IRIARTE.

48 — Paysage.

Un pâtre gardant un troupeau.

JUAN DE JOANNÈS.

49 — Deux Prophètes. Pendants.

MORALÈS.

50 — Saint Chrisostôme.

Il tient un crucifix d'une main et de l'autre un livre. Dans sa manière large.

MOYA (Pedro)

51 — Jésus et sa Mère portés sur des nuages.

MURILLO, signé et daté de Séville.

52 — Saint Jean.

Il est représenté dans un site sauvage, assis sur un rocher; une peau de mouton et une draperie rouge l'entourent; il tient une croix de la main droite. Son mouton est près de lui.

MURILLO.

53 — Saint Antoine de Padoue.

Il tient un livre et une branche de lis.

DU MÊME.

54 — Saint Dominique à genoux.

Il reçoit un rosaire des mains de Jésus debout dans les bras de sa Mère, qui est portée sur des nuages et entourée d'anges; un peu en arrière du saint religieux, sainte Claire, à genoux, est dans l'attitude de l'adoration.

DU MÊME.

55 — Un Joueur de cornemuse.

Ce tableau faisait partie de la collection du duc de Penthièvre.

DU MÊME.

56 — Le Marchand de gâteaux et l'Étudiant de Salamanque.

MURILLO (d'après).

57 — Une Bergère et son troupeau à une fontaine.

DU MÊME (d'après).

58 — Copie du même.

ORRENTE.

59 — Scène de buveurs.

TRISTAN (Luys), signé.

60 — Saint Jérôme dans le désert.
>C'est le portrait du cardinal de Sandoval, archevêque de Tolède.

VELASQUEZ.

61 — L'Incendie du bourg.
>D'après Raphaël.

DU MÊME.

62 — Une jeune femme portant une urne.

DU MÊME.

63 — Le Torréador.
>Il est monté sur un cheval blanc; il tient une lance dont il frappe le taureau entre les deux cornes.

ZURBARAN.

64 — La Sainte Vierge et l'Enfant Jésus au maillot.

DU MÊME.

65 — Saint Jean et son mouton.

ÉCOLE ESPAGNOLE.

66 — Tête de Christ.

Ecole des Pays-Bas.

BREUGHEL (J.) ET STEENWICK.

67 — La grande salle de l'Hôtel-de-Ville à Bruxelles pendant la foire.

> Riche composition de deux cents figures avec le costume de l'époque.
> L'architecture est de Steenwick.

CHAMPAIGNE (Philippe de), signé.

68 — Le Christ.

> Derrière le panneau est écrit au pinceau, de la main du maître : De Port-Royal-des-Champs, à mesdames de Sainte-Catherine, à Paris.
> Forme ovale.

DU MÊME.

69 — La Sainte Vierge.

> Derrière ce tableau, qui fait pendant, se trouve écrit : A Mesdames de Sainte-Catherine, à Paris.

CUYP.

70 — Extérieur de ferme.

Un paysan est occupé à seller un cheval blanc, son chien est près de lui; plus loin une femme assise tient un enfant.

CUYP (A).

400 71 — Paysage. Effet de soleil levant.

Un nombreux troupeau de vaches traverse un pont conduisant à un village.

CUYP (A.), signé.

2550 72 — Marine.

La mer est couverte de nombreuses embarcations chargées de passagers et de bétail. La ville de Dordrecht termine la vue à l'horizon.

DECKER (J.).

122 73 — Paysage boisé baigné par une rivière.

Deux pêcheurs dans une barque retirent leurs filets; plus loin on aperçoit quelques chasseurs.

DYCK (A. Van).

1250 74 — Sainte Élisabeth de Hongrie faisant l'aumône au sortir de l'église.

Elle est vêtue de noir; sa tête est couverte d'un voile; elle tient de la main gauche un livre et sa couronne.

DYCK (Van).

75 — Madeleine pénitente.

DIEPENBECK.

76 — La Sainte Vierge, l'Enfant Jésus et saint Jean.

DROST (W.).

77 — Martyre de saint Étienne.

DUJARDIN (Karel).

78 — Paysage. Effet de soleil couchant.

    Sur la lisière d'une forêt, une bergère garde un troupeau de vaches et de moutons.

FRANCK (Flore).

79 — Tête de jeune homme.

GOYEN (Van).

80 — Paysage maritime. Vue d'une ville de Hollande.

    Un bac transporte un chariot et plusieurs voyageurs.

GRIMMER, signé.

81 — Adoration des Rois.

HAGEN (Van der).

82 — Paysage.

> Sur une route montueuse des voyageurs conduisent des chariots.

HALS (Franck).

83 — Deux Enfants copiant des dessins de Callot.

HELMONT, signé.

84 — Le Médecin aux Urines.

> Il est entouré de livres et d'un grand nombre d'ustensiles de chimie.

HOEK (Jean Van).

85 — Portrait du peintre Van der Elst.

HOET (Gérard), signé.

86 — Paysage.

> Plusieurs paysans sont rassemblés sur le premier plan; plus loin, sous un portique, quelques personnages dansent entre eux.

HONDEKOETER.

87 — Basse-cour.

> Une poule blanche et ses poussins, des pigeons et quelques plantes animent le tableau.

MIREVELDT.

88 — Portrait d'un prince d'Orange.

Il porte une cuirasse et une écharpe.

ORLAY (Van).

89 — Descente de Croix.

La Vierge est soutenue par saint Jean, les Saintes femmes sont agenouillées au pied de la croix.

RACHEL RUYSCH.

90 — Nature morte.

Des chardons, des reptiles, un geai, des clochettes, des coquelicots, des glands, enrichissent cette belle composition.

REMBRANDT.

91 — Portrait du grand rabin portugais Pinto.

Il est coiffé d'un turban; son manteau de fourrure est retenu par une riche agrafe ornée de pierreries.

DU MÊME.

92 — Paysage. Effet de soleil couchant.

Le soleil se couche derrière de hautes montagnes. Une rivière et l'entrée d'une ville complètent le tableau.

RUBENS (P.-P.).

93 — Le Serpent d'airain.

Esquisse peinte en Italie.

DU MÊME.

94 — Diane à la chasse. Grisaille.

SLINGEDANDT.

95 — Portrait de femme.
Elle a une large collerette.

VAN OS (fils, signé, daté 1843).

96 — Une branche de lilas, une grappe de raisin, un citron, un ananas, une pomme, sont déposés sur une table.

WILL, signé.

97 — Portrait d'une jeune femme.
Ses cheveux tombent en boucles sur ses épaules, sa poitrine est découverte; elle est vêtue d'une pelisse de velours rouge bordée de cygne.

WOUTERS.

98 — Paysage mythologique.
Diane et ses Nymphes endormies sont surprises par des Satyres.

ÉCOLE FLAMANDE.

99 — Madelaine dans le désert.

INCONNU.

100 — Saint Joseph et l'Enfant Jésus.

Ecole Française.

BOURDON (Seb.).

101 — Enlèvement de Proserpine.

POUSSIN (Nicolas).

102 — Bacchante endormie.

DU MÊME.

103 — Jeune Satyre dans un paysage.

WATTEAU (Ant.)

104 — La belle Raimonde donnant de l'eau-de-vie à un garde française.

Ce tableau est exécuté dans la manière de ses marches d'armées.

www.ingramcontent.com/pod-product-compliance
Lightning Source LLC
Chambersburg PA
CBHW030111230526
45471CB00003B/1365